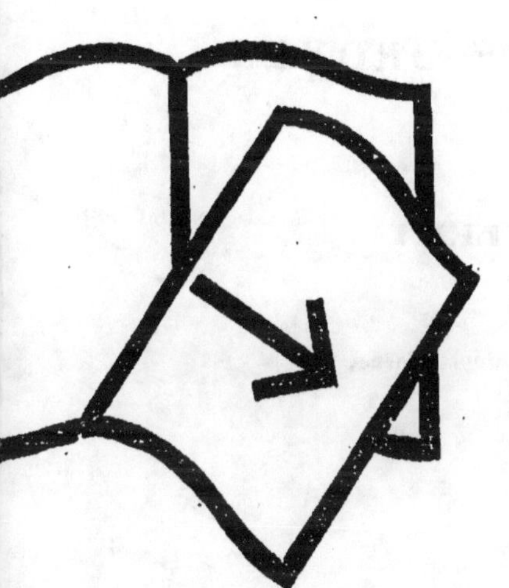

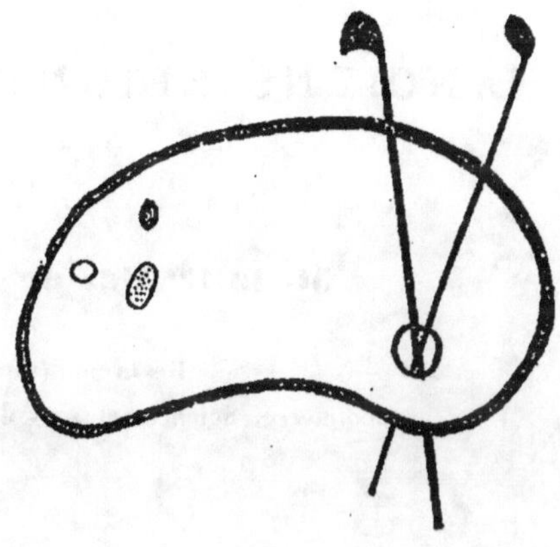

ORIGINAL EN COULEUR
NF Z 43-120-8

CARTULAIRE

DE

L'ABBAYE SAINT-PIERRE D'OYES

(CANTON DE SÉZANNE)

SUIVI D'UNE NOTE

SUR LES

ANCIENS SEIGNEURS DE BROYES

PAR

M. le Cte Ed. de BARTHÉLEMY

De la Société d'Agriculture,
Commerce, Sciences et Arts du département de la Marne.

CHALONS-SUR-MARNE

IMPRIMERIE F. THOUILLE, RUE D'ORFEUIL, 3.

1882.

CARTULAIRE

DE

L'ABBAYE SAINT-PIERRE D'OYES

(CANTON DE SÉZANNE)

SUIVI D'UNE NOTE

SUR LES

ANCIENS SEIGNEURS DE BROYES

Par M. le Comte Ed. de BARTHÉLEMY.

I.

La Bibliothèque nationale possède une copie, très soigneusement faite par l'un des fonctionnaires de cet établissement, M. Claude, d'un cartulaire inédit, dont l'original, manuscrit sur parchemin du XIV⁰ siècle, est conservé aux archives départementales de l'Aube. Ce document, très curieux pour nos contrées, fait revivre une abbaye depuis longtemps disparue, et sur laquelle jusqu'à présent les renseignements avaient à peu près manqué; en effet, sauf les deux pages que Courtalon lui consacre dans sa *Topographie de la ville et du diocèse de Troyes*, aucun auteur n'a encore parlé avec quelques détails de l'abbaye, depuis prieuré de Saint-Gond de Oyes.

Oyes est une paroisse du canton de Sézanne relevant du diocèse de Troyes avant la révolution : il est situé au pied d'un mont dit le Haut-Chêne, arrosé par le ruisseau de Saint-Gond, affluent du Petit-Morin, et aux bords des

vastes marais, également dits de Saint-Gond, qui s'éten-
dent sur une étendue de plus de 24 kilomètres.

Saint Gond était neveu de saint Vandrille (1), proche
parent lui-même de Pépin de Landen, et revêtu de
charges considérables à la cour de Dagobert I⁰ʳ. Vandrille
quitta cependant ces honneurs volontairement et se retira
à Montfaucon, en Argonne, où il prit l'habit vers 629.
Dagobert le força à reparaître à la cour, mais Vandrille
obtint promptement la liberté et put retourner à Montfaucon; il se rendit deux fois en Italie et fit un long séjour
à l'abbaye de Romans ; ayant reçu la prêtrise à Rouen
des mains de saint Ouen, il alla fonder le monastère de
Fontenelle dans le pays de Caux, en 648, monastère qui
prit ensuite son nom.

Saint Gaon ou Gond prit la robe à Fontenelle, d'où son
oncle l'envoya une fois à Rome pour chercher des reliques
destinées aux églises qu'il faisait bâtir. A son retour
d'Italie, Gond fut chargé par Vandrille, d'après son histo-
rien Desguerrois, de conduire une colonie de moines qui
étaient devenus trop nombreux à Fontenelle ; il s'ache-
mina au hasard « et à la parfin après avoir passé beaucoup
de lieux » il arriva à Oyes, *in Augiam*. Ce lieu lui plut :
le site, en effet, est agréable, pourvu de vastes prairies,
d'eaux abondantes, de bois et de bonnes terres, entouré
à une certaine distance de coteaux verdoyants ou couverts
de vignes.

Gond éleva aussitôt une chapelle dédiée à saint Pierre
et des petites cellules à l'entour pour ses compagnons. La

---

(1) Fils, d'après les auteurs de la *Gallia Christiana*, du comte
de Verdun et d'une sœur de saint Vandrille ou Wandregesille.
Roussel, dans son *Histoire de Verdun*, dit que, suivant la tradition,
il était né à Verdun sur la paroisse Saint-Sauveur ; on y célébrait
la fête de la Translation de ses reliques.

réputation de la sainteté du nouveau venu se répandit rapidement aux environs et les populations se montrèrent empressées à aider ces pieux solitaires et à les visiter. Gond partageait sa vie entre la prière et les travaux des champs, sans négliger la visite des malades dont il soignait avec un égal zèle le corps et l'âme. Il en donna la preuve à l'occasion d'une peste qui ravagea le pays et pendant laquelle la légende lui attribue plusieurs guérisons miraculeuses. C'est là qu'il mourut vers la fin du VIIe siècle, le 26 mai, entouré de la vénération universelle. Le monastère subsista après son fondateur. Au IXe siècle, des bandes normandes pénétrèrent jusque dans ces contrées et l'une d'elles, commandée par un chef nommé Astaune, vint à Oyes, saccagea l'abbaye, massacra les moines, détruisit l'église sans découvrir, heureusement, le corps de saint Gond qu'on avait eu le temps de cacher en terre. Un certain nombre d'années s'écoula à la suite de ces malheureux événements. Vers le milieu du Xe siècle, une noble dame nommée Eve, femme du comte Hugues de Lorraine, proche parente de saint Arnould, évêque de Metz, et mère d'Odalric, appelé au siège de Reims en 962, passa par hasard au milieu des ruines du monastère de Saint-Gond et entendit parler des restes de ce pieux abbé. Atteinte d'une grave maladie et « ignorant, dit Desguerrois, à qui des saincts s'adresser », elle recourut à saint Gond et fit vœu, si elle guérissait, de rechercher le corps du saint et de relever la maison et l'église : Dieu l'ayant exaucée rapidement, elle ne réalisa pas moins promptement sa promesse ; elle découvrit le corps, le fit mettre dans une belle châsse, fit construire l'église où il fut solennellement déposé, et, enfin, obtint l'envoi d'un certain nombre de moines pour reconstituer le monastère, qui quitta dès lors le nom de Saint-Pierre d'Oyes pour celui de son premier fondateur. En outre, elle leur assigna des revenus suffisants pour assurer leur existence. Peu après éclata une peste qui fit, en quelques semaines, mourir un grand nombre de personnes. Les habitants des environs de l'abbaye songèrent alors à recourir à saint Gond et ils accoururent en foule à l'église un jour de vendredi saint, en demandant à promener processionnellement la châsse. Les religieux firent remettre la cérémonie au lundi de Pâques. Le concours des fidèles fut bien plus considérable. On raconte que la maladie cessa immédiatement ; on assure même que pendant un an il ne mourut, dans ces parages, qu'un seul individu qui, malade déjà, n'avait pu assister à la procession (1).

L'abbaye subit encore des épreuves sur lesquelles les détails nous manquent, mais elle était presque détruite de nouveau, ou au moins abandonnée, quand Hugues, évêque de Troyes, pria Hugues, abbé de Cluny, de restaurer le monastère et d'y envoyer des religieux (1082). Voici le texte de la lettre épiscopale que nous a conservé Mabillon :

« Notum sit omnibus, tam futuris quam presentibus, quod ego Hugo, sancte Tricassine ecclesie indignus episcopus, de Domno Petro Dei indultu princeps ac dominus, venerabilium virorum, domni videlicet Widonis Cluniacensis præpositi, germanique ipsius Hugonis, principis Castri, quod Plaiola vocatur, motus ratione et precibus, monasteriolum quod in Augia habetur, quod peccatis exigentibus, rebus, œdificiis, et, quod magis est dolendum, religione imminutum, et pœne nihilatum est, ecclesie Cluniacensis, cui venerabilis Hugo non tam

(1) Desguerrois raconte que les reliques de saint Gond étaient de son temps dans une châsse de bois doré et sa tête dans un chef également de bois doré. Il ajoute qu'il y constata « une merveille », car lors de la visite des reliques faite par l'évêque de Troyes, le 16 septembre 1621, il put voir de ses propres yeux que le crâne « étoit sans suture par derrière. »

cesse quam prodesse videtur, habendum in posterum, et proprio jure regendum secundum sui voluntatem et loci utilitatem, in potestatem prædicti Hugonis abbatis ac successorum ejus transfundo, quatenus idem locus de cætero quietus et immunis ab omni perturbatione, Deo volente, in Christi servitio permaneat et ordo monasticus reviviscat. Actum hoc anno ab incarnatione sempiterni principis. M. LXXXII. »

Dès lors, ajoute Mabillon, Oyes fut soumis comme dépendance à l'abbaye de Saint-Pierre de Troyes, ainsi que le constatent des bulles énumératives des biens de ce monastère en 1169 et en 1209. Hatton, évêque de Troyes, augmenta généreusement les possessions de Saint-Gond ; Henri 1er, comte de Champagne, imita largement cet exemple et prit résolument la défense du monastère violemment attaqué par les seigneurs de Pleurs (1155). Mais Saint-Gond n'était pas destiné à fournir une brillante, ni surtout une longue carrière. Les seigneurs des environs se montrèrent presque tous hostiles, et les choses en arrivèrent à ce point que Jean, évêque de Troyes, constatant avec regret l'état précaire où était tombé le monastère, le réduisit en simple prieuré, en le rattachant à l'abbaye bénédictine de Montier-la-Celle, ce que confirma le pape Clément VI au mois de septembre 1342. Il n'y eût plus que huit religieux, et au XVIe siècle l'un des prieurs commendataires fut le célèbre Claude Toignel d'Epense, qui publia un poème latin sur la vie de saint Gond et la description du monastère. Malheureusement les luttes religieuses se firent cruellement sentir dans les environs de Sézanne et les protestants saccagèrent le prieuré qu'on essaya encore de rétablir au commencement du XVIIe siècle. Mais les ressources manquèrent, même pour faire subsister les six moines seulement qui y devaient résider, et l'évêque de Troyes réunit le titre à son grand séminaire en affectant ses modestes revenus à l'entretien des clercs pauvres de son diocèse. Les prêtres de cet établissement devaient venir célébrer la messe à certaines fêtes dans l'église de Saint-Gond, laquelle était assez belle et a été démolie en 1808. Le reste des anciens bâtiments forme actuellement une ferme.

Les chartes du cartulaire fournissent les noms d'abbés suivants, liste complètement inédite :

Eberard, 1126, 1130.

Odon, 1166.

Ebale, 1168, 1170.

Guillaume, 1174, 1176.

Renaud, 1192.

Engermer, 1204, 1227.

Girard, 1243.

Hugues, 1250.

Dreux, 1304.

II.

Nous ferons remarquer que les sires de Broyes figurent parmi les plus généreux bienfaiteurs de l'abbaye. Nous en profiterons pour donner ici une courte notice sur ces puissants seigneurs, pour la généalogie desquels notre cartulaire fournira d'assez utiles éclaircissements.

Broyes est un village du canton de Sézanne, siége autrefois d'un château où demeurait l'une des familles féodales les plus importantes de ces parages. La terre avait titre de baronnie de temps immémorial et une collégiale y avait été fondée par Hugues Bardoul, en 1081, sous le vocable de saint Blitaire, ou Blier, prêtre irlandais venu en Champagne au VII⁰ siècle, mort à

Verdun, inhumé à Sézanne, d'où Hugues fit rapporter le corps dans son château, puis dans l'église du chapitre. (1)

Duchesne a écrit l'histoire des seigneurs de Broyes et de Châteauvillain. Le premier membre de cette famille serait Renard ou Renaud, seigneur de Broyes et Beaufort en Bassigny, au temps de Hugues Capet, et qui avait épousé Helwise, présumée nièce de Guarin le Loherain et sœur de Roger, évêque de Beauvais. Il eut deux fils, Isembard, qui suit, et Odalric, évêque d'Orléans, seigneur de Nogent et de Pithiviers.

II. — Isembard, sire de Broyes, Pithiviers et Nogent-le-Roi, figure dans une charte royale de 1028 et servit le comte de Champagne dans sa guerre contre le roi en 1038. Ce prince vint lui-même dévaster ses domaines du Blaisois et prit le château de Pithiviers après deux ans de siège. Il eut : Hugues, dit Bardoul, et Isembard, évêque d'Orléans après son oncle.

III. — Hugues Bardoul 1er, sire de Broyes, etc., parut avec son père dans l'acte de 1028. Il alla combattre en Normandie contre le duc Guillaume et y fut fait prisonnier. En 1058, il fonda un prieuré dans son château de Beaufort. Duchesne lui donne pour enfants : Barthélemi, Hoderic, évêque d'Orléans après son oncle en 1063, et Isabeau qui porta Nogent-le-Roi à Simon de Montfort-l'Amaury.

(1) La fête a lieu le 11 juin. La châsse ayant été portée plus tard à l'église Saint-Julien, de Sézanne, les habitants voulurent la conserver et ils gagnèrent le procès que leur intentèrent les chanoines de Broyes, à charge de la conduire processionnellement à Broyes chaque année la veille de la fête. La châsse disparut en 1567 pendant les guerres religieuses : les protestants en dispersèrent les ossements.

IV. — Barthélemi, sire de Broyes, mort avant 1081, ayant épousé une fille de Robert de Valois, comte de Crespy, eût deux fils : Hugues Bardoul et Renaud, tué à Nicée.

V. — Hugues Bardoul II, sire de Broyes (1), mineur en 1081, ayant pour tuteur le comte Etienne-Henri de Troyes qui fonda pour lui le prieuré de Saint-Julien de Sézanne, en réparation des dommages causés par son père à cette église. Mais le comte Thibaut le frustra du comté de Bar-sur-Aube qui, de Raoul III de Valois, — Simon, son fils unique, étant entré en religion, — devait passer à Hugues, petit-fils dudit Raoul. Il se croisa en 1099. D'Emmeline de Montlhéry, il eût : Simon, Barthélemi, mentionné en 1104, Marie, en 1131.

VI. — Simon, sire de Broyes, Beaufort, Baye, Trie-le-Bardoul, Charmontré ; Duchesne lui donne pour femme Félicité, fille d'Erard, comte de Brienne, remariée à Geoffroi III, sire de Joinville, enterrée à l'abbaye d'Andecy. Il eût : Hugues, Simon, sire de Beaufort, 1152, 1187, dont la fille unique épousa le comte de Rethel ; Emmeline, 1136.

VII. — Hugues III, sire de Broyes, Chateauvillain, mort au plus tard en 1238. Il se brouilla avec Henri II, comte de Champagne, et les hostilités furent assez sérieuses pour empêcher ce prince de faire la guerre au comte de Hainaut ; les détails manquent, mais nous savons que le château de Broyes fut pris d'assaut (2). Duchesne lui donne deux femmes : Etiennette de Bar, vivante en 1140, et Isabelle, fille de Robert, comte de Dreux, vivante en

(1) Mentionné dans notre cartulaire 1148, 1152. Les seigneurs de Baye, Montmirail et Apremont signent avec lui, comme vassaux évidemment.

(2) Dom Bouquet, XVIII, p. 751. « Postquam castrum de Brois dejecit. » (Aubery de Trois-Fontaines).

1178 ; mais notre cartulaire qui le mentionne en 1226, 1230 et 1250, en donnant à son père le titre de seigneur de Commercy, contient une charte de 1230, où Hugues, partant pour Jérusalem, est cité avec B., sa femme et ses enfants. D'après Duchesne, il aurait eu d'Etiennette : Simon, Emmeline et une autre fille ; d'Isabelle : Simon, auteur de la branche des seigneurs de Châteauvillain et Baye ; et Emmeline, 1194.

VIII. — Simon II, sire de Commercy, mort avant son père dès 1202, ayant eu de Nicole : Hugues, Gaucher, sire de Commercy, 1202, dont la branche s'éteignit dans la maison de Sarrebruck (1) ; Renaud, marié à Marguerite de Busancy ; Hugues, prêtre, et Agnès.

IX. — Hugues, sire de Broyes et de Vendeuvres par sa femme Odette. Il vendit sa terre de Bannes au comte de Champagne, mais son frère Gaucher en opéra le retrait-lignager au prix de 600 fr. vieille monnaie de Provins et 1,900 fr. monnaie nouvelle (avril 1224). Il fut père de : Hugues, Eudes, sire de Châtillon-sur-Morin (2), Simon et Gaucher, chanoines de Reims (3), Marguerite, mariée au sire de Drosnay, Emmeline, religieuse à Notre-Dame de Troyes, 1223. Il eut probablement encore Thibaut, cité dans un acte de 1230, archidiacre de Troyes.

X. — Hugues V, sire de Broyes, marié à dame Bérengère, vivante en 1247 ; eut : Thibaut ; Jean, sire de Soizy-

----

(1) Actes de 1242, 1247, 1258. Cité dans un acte de 1227 avec sa mère, G. dame de Châteauvillain. Jean, son fils, 1258, 1270, 1291, 1303.

(2) Il obtint du comte, en mars 1211, le droit de construire dans le marais de Broussy, à la Motte-Châtillon, une maison entourée de fossés et de palissades. — Cité en 1280.

(3) Tous deux vendirent au comte, en l'année 1251, ladite maison dont ils venaient probablement d'hériter.

aux-Bois, père de Guy, cité en 1297 ; Hugues, chanoine de Provins (1).

XI. — Thibaut, sire de Broyes, succéda à son père avant 1277 (2). Il eut :

XII. — Guy, sire de Broyes (3), figure en 1314 avec les seigneurs de Champagne, Vermandois, Beauvoisis et Ponthieu qui se liguèrent contre le comte de Champagne pour lui refuser une taxe. Il ne parait pas avoir laissé de postérité.

CHARTULARIUM SANCTI PETRI DE OYA (4).

I.

Carta Henrici comitis de custodia istius ecclesie.

Henri, comte palatin de Troyes, fait savoir qu'il y avait discord entre l'église de Saint-Pierre d'Oye et Jean 1er de Plaiostro (5) sur diverses exactions commises par ledit Jean contre l'église et le village ; une enquête fut faite devant le comte, et les témoins constatèrent que Oye, la grange sise en ce village et dite Gascognia, avec ses dépendances en terres, prés, vignes et la justice appartenaient de toute ancienneté à ladite église, en vertu de légitimes aumônes, sans que ledit seigneur y puisse avoir aucun droit ; mais que le lieu où se trouvait ladite église était sous la garde dudit seigneur, à cette condition que

(1) Acte de 1284.
(2) Actes de 1276, 1284.
(3) Acte de 1301.
(4) Bib. nat. F. lat. nouv. acq. n° 1231, copie moderne, in-f°.
(5) Pleurs, village voisin de Sézanne, dont le château appartenait à l'une des principales familles féodales de ces parages : il y avait un chapitre fondé en 1180 par le comte de Champagne.

si ledit seigneur se refusait à défendre l'église contre des malfaiteurs ou attaquait lui-même l'église en ses biens, le comte de Champagne serait tenu de prendre la défense d'icelle. En conséquence, ledit comte se déclara, lui et ses successeurs « defensores et custodes in perpetuum ipsius ecclesiæ. Témoins : Guillaume, notaire du comte, Thibaut de Fimiis (1), Guiard de Damerraco (2), Daimbertus de Tornantis (3), Nocher de Moreins (4). Fait à Vertus, avril 1155, « diclune. »

II.

Carta de dono ville que dicitur Puiz (5).

Henri, comte de Troyes, pour le repos de son âme et des âmes de ses parents, et à cause de Guillaume son chapelain (6) qui a pris la robe dans ladite maison, « et abbas affectus est », donne à l'église d'Oye la moitié du village de Puiz, jusqu'à concurrence d'un revenu de 100 sols ; cette moitié composée de 12 familles énumérées dans l'acte avec moitié du vinage ; partage égal des hommes du comte partis du lieu au cas où ils reviendraient ; partage de toute la justice des hommes communs au comte et à l'église. L'abbaye affecte comme garantie vu la plus-value, de la moitié à elle cédée par rapport au revenu donné,

---

(1) Fismes (arrondissement de Reims). Clerc du comte.

(2) Damery, près d'Épernay.

(3) Daimbert de Tornantis ou de Braio, chevalier.

(4) Morains, canton de Vertus. Il était prévôt de Vertus en 1171. Les cinq personnages sont les témoins habituels des chartes de Henri le libéral.

(5) Puits, village sur le territoire de Bergères-les-Vertus, ruiné pendant la guerre du XVe siècle ; c'est aujourd'hui une ferme.

(6) Il figure cependant comme témoin jusqu'en 1186 dans les chartes de la comtesse Marie.

les cens et hostises de Chapelaine (1), dont le comte donna la moitié à Guillaume, son maréchal (2). Le comte donne encore trois femmes à Lazun (?). Témoins : Guillaume, notaire du comte ; Thibaut de Fimes ; Ancel du Traisnel (3), Guillaume, maréchal ; Deimbert de Tornantis ; Artaud, camérier (4) ; Guiard de Damery, Nocher de Moreins, prévôt de Vertus. Fait à Vertus, par Guillaume, chancelier, an 1171.

III.

Carta de Monte Alardi (5).

Henri, comte de Troyes, fait savoir que Engeliner Rufus, Renaud Baez, Girard Baez de Sézanne, Simon de Gaarce, « et heredes de Cosreio » ont donné tout ce qu'ils possédaient au mont Alard, près de Saint-Genest d'Oye. Témoins : Ancel du Traisnel, Hugues de Plancy (6), Deimbert de Tornantis, Hugues de Salone (7), Adam Bridena, Philippe Bursaldus (8), Thibaut Revelard, Hugues de Purreio,

(1) Hameau de la commune de Vassimont, canton de Fère-Champenoise.

(2) Guillaume le Roi, qui paraît avoir été le plus intime conseiller du comte Henri depuis 1158 ; il avait acquis en 1170, de l'abbaye de Saint-Remy de Reims, un tiers du moulin et le four de Chapelaine. Il avait encore des biens à Sézanne, Queudes, Anglure, Provins ; il dut périr en Terre-Sainte, en 1175, dans la bataille où le comte Henri fut pris ; il laissa deux fils : Milon et Jean de Provins ou Breban ; il avait un frère, Mathieu de Muceris. Milon lui succéda.

(3) Bouteiller du comte.

(4) Artaud de Nogent, qui bâtit le château de Nogent-l'Artaud.

(5) Ferme sur le territoire d'Oyes.

(6) (Aube). Frère de Haice de Plancy, chancelier du comte.

(7) Le nom ne figure pas parmi les listes des témoins des chartes du comte de Champagne, dressées par M. d'Arbois de Jubainville.

(8) Chancelier du comte.

Herman de Lachy (1), Artaud, camérier, Pierre Teuto-
nicus (2), Renaud de Molendino (3), Nicolas Moret, alors
prévôt (4), Thibaut de Verzeio (5) et beaucoup d'autres.
Fait à Sézanne, au temps de Guillaume, abbé, an 1174.

IV.

Carta de hominibus nostris de Puteo (6).

Henri, comte de Troyes, fait savoir qu'il est convenu
avec l'abbaye que les hommes et les femmes de chacune
des parties pourront contracter mariage, à condition que
les enfants seront partagés également, et que chaque
partie aura le premier né quand le père sera son homme :
« Quod utrorumque liberos partiemur ita, quod ille cujus
» homo fuerit, primum accipiet. Ille vero cujus femina
» fuerit, secundum et tercium : cujus vero homo fuerit,
» quartum et quintum, si tot fuerint et ita deinceps. De
» tallia ita disposuimus quod ipse cujus homo fuerit, pro
» arbitrio talliam faciet in homine suo. Ille vero cujus
» femina erit, ultrà quinque solides in femina sua capere
» non poterit. » Témoins, Nicolas, chapelain, Thibaut de
Fimes, Anceau du Traisnel, Guillaume, maréchal, Artaud,
camérier, Manasses de Clauso, Guibert de Barro. An 1175.
Guillaume, chancelier.

(1) Canton de Sézanne. Les comtes de Champagne y avaient un
château.

(2) Prévôt de Sézanne.

(3) Egalement prévôt de Sézanne.

(4) De Sézanne.

(5) Ne faut-il pas plutôt lire : de Verzelo ? Le Vézier, canton
de Montmirail.

(6) Puitz.

V.

De libertate majoris nostri de Puiz apud Virtutum.

Henri, comte de Troyes, fait savoir au prévôt de Vertus
que le mayeur de l'abbaye à Puitz jouit à perpétuité des
mêmes franchises quelconques que le mayeur du comte au
même lieu. Témoins : Guillaume, abbé d'Oye, Guillaume,
chancelier, et Guillaume, notaire (sans date).

VI.

De decima villa Sencoris (1).

Hugues Alesnellus et Angebert, fils d'Ilder de Monte-
Félici (2), remirent à l'abbaye, en présence du comte de
Troyes, deux parts de leurs dîmes dudit lieu données par
Berthe, sœur de Gauthier de Curia Herardi et Hugues Cap-
tinus, avec l'approbation du seigneur de Broyes (3), « de
cujus cassamento erant. » Témoins : Thibaut « comes
illustris », Erard, prévôt (4), Théodoric Pacadus, Marc de
Plaiestro (5), Leteric de Baudemento (6), Berenger, Adam,
Guiard et Roger, fils de Hugues Alesnellus,· Odon, abbé
d'Oyes ; Dudon, prieur ; Odon, Hubert, mayeur, Durand,
serviteur. Fait à Sézanne (sans date).

(1) Villeseneux, canton de Vertus.
(2) Hameau de la commune de Chavot, canton d'Avize.
(3) Simon était seigneur de Broyes en 1166.
(4) Prévôt évidemment de Sézanne.
(5) Pleurs.
(6) Baudement, canton d'Anglure.

VII.

Confirmatio de feodis Hugonis, domini Brecarum.

Ledit seigneur confirme tous les acquêts faits par l'abbaye en sa suzeraineté, à charge de célébrer annuellement son obit après lui. Témoins : Fr. Hugues « reclusus », Herbert, prêtre de Corfélix (1), Pagan, chevalier de Baya (2) Garnier, chevalier de Aspero-Monte, Pierre de Monte-Miralli (3) ; octobre, vendredi, « apud Aiam, 1148. »

VIII.

De usagio nemoris Raimboldi (4).

Hugues, seigneur de Broyes, donne à l'église de Saint-Pierre et Saint-Gond de Oyes, l'usage en ladite forêt pour le chauffage et la construction, et confirme ce qu'elle a ou pourra avoir en sa suzeraineté ; il ajoute l'usage de ses prés. Témoins : Thomas, chanoine de Broyes, Gilbert de Belon, Garnier de Vicher. An 1151.

IX.

Item usagium nemoris Raimboldi.

Le même, à la prière de Hugues « reclusus » (5), approuve le don fait par Simon, son père, de tout ce

(1) Canton de Montmirail.
(2) Baye, canton de Montmort.
(3) Montmirail (Marne).
(4) Le bois Raimbaut, commune de Broyes.
(5) On appelait ainsi un religieux qui se faisait murer dans une cellule pour se consacrer plus intimement à la vie contemplative. Il s'agit évidemment ici de celui qui fonda dans le voisinage l'abbaye dite du Reclus, dont nous préparons également le cartulaire inédit.

que l'abbaye aurait reçu en sa seigneurie ; confirme l'usage de ladite forêt pour chauffage et construction, « et ad omnes usus suos quantum propriis vehiculis, exceptis carris, advehi poterit. » Témoins : Hugues « reclusus », Herbert, curé de Corfélix, Pagan, chevalier de Baye, Garnier de Aspero-Monte, Pierre de Monte-Mirabili. An 1102 (*sic*).

X.

Carta de confirmatione nemoris Raimboldi.

Hugues, seigneur de Broyes, fils de feu Simon (1), seigneur de Commercy, confirme la charte de son ayeul Hugues, autorisant l'abbaye à conserver ce qu'elle a ou aura en sa suzeraineté, l'usage de ladite forêt et l'usage des prés. Novembre 1226.

XI.

Carta quomodo ecclesia potest acquirere in feodis Brecarum.

Hugues, seigneur de Broyes, partant pour Jérusalem, du consentement de B., sa femme et de ses enfants, confirme toutes les chartes antérieures de ses prédécesseurs. Mars 1230.

XII.

De concessione et quitatione Remigii de Plaiostro.

Hugues, seigneur de Broyes, renonce à tout ce qu'il réclamait de Remy de Pleurs, qui avait épousé la femme

(1) Simon de Châteauvillain était l'un des fils de Hugues II de Broyes, dont le père, Simon 1er, avait épousé Félicité de Brienne, remariée à Geofroi III, seigneur de Joinville.

de feu Jean de Latione. Témoins : Maître Robert, Gilbert de Belon, Raoul.

XIII.

De discordia Johannis Courberans.

Hugues, seigneur de Broyes, fait savoir que Hugues, abbé de Oye, réclamait comme son homme Nivard de Broccio Parvo (1), laïc, contre Jean, fils du seigneur Gaucher Corberans et Jean, son beau-frère, lequel Nivard Marguerite, sœur du seigneur Vilain de Broccio, chevalier, avait aumôné audit monastère ; à la fin lesdits opposants renoncèrent à leurs prétentions. Décembre 1250.

XIV.

De confirmatione emptionum in casamentis Brecensibus.

Thibaut, seigneur de Broyes, confirme à l'abbaye tout ce qu'elle peut avoir ou aura en sa seigneurie, notamment ce qui venait de Guerric et de Pierre, dits « Infants de Moncellis », écuyers, à charge de célébrer son obit. Mars 1276.

XV.

Dou descort de l'iaue de Saint-Prey (35).

Eudes de Broyes, seigneur de Châtillon, reconnait n'avoir pas le droit de pêcher dans ladite rivière. Juillet, jeudi après Madeleine, 1280.

(1) Broussy-le-Petit, canton de Sézanne.
(2) Saint-Prix, canton de Montmort.

XVI.

De discordia Waceti de Bergeriis, armigeri pro nemore
S. Petri.

S. Chantre, F. de Briena, chanoines de Sens, délégués
apostoliques, font savoir que l'abbaye réclamait la justice
dudit bois, l'usage pour leurs chariots, le droit d'instituer
les forestiers et 8 septiers d'avoine annuels « pro hospi-
tibus de Corleiart » (1) ; plus la propriété du sixième de la
forêt comme léguée de longue date par Elisabeth de Sancto-
Projecto (2), belle-mère dudit Wacet, lequel contestait
ces prétentions. Les arbitres prononcèrent en faveur de
l'abbaye et lui adjugèrent en même temps la propriété de
l'autre partie du bois, léguée par Elisabeth de Joiches (3).
An 1212.

XVII.

De la partison dou bois Saint-Père.

Huc de Broyes, chanoine de Saint-Quiriace de Provins,
seigneur de Saint-Prix, Corleiart, Broussy-le-Grand (4),
déclare qu'en sa présence il fut convenu entre l'abbaye
et les hommes des communautés de Saint-Prix et de Corleiart que ceux-ci auraient 60 arpents par devers le bois
Sainte-Marie de Faremoutiers (5), à condition pour toute
charge de payer annuellement, à la Saint-Remy, à l'abbé
un denier par arpent, la justice et seigneurie demeurant

(1) Coléart, hameau du terroir de Saint-Prix.
(2) Saint-Prix.
(3) Joches, canton de Montmort.
(4) Canton de Sézanne.
(5) Abbaye du diocèse de Meaux.

au monastère. Témoins: Jean li Gobray, Oudinet le Boiteux de Voisy, Gautier li advocat, Simon et Garnier de Seiche-Val. An 1284, lundi avant saint André.

XVIII.

De nemore sancti Petri.

L'official de Troyes fait savoir que le sus-mentionné, Hugues de Broyes, chanoine de Provins, a déclaré posséder 60 arpents au bois de Saint-Pierre, sis au-dessus de Saint-Prix en la justice de l'abbaye ; plus 10 arpents de bois, sis ailleurs, venant de Pierre de Saint-Prix, près de la forêt précédente en la même justice ; avoir la faculté d'acquérir 60 arpents audit bois à ses hommes de Saint-Prix et de Corléiart, toujours en la même justice ; et il donne au monastère lesdits 70 arpents en considération des agréables services que lui et ses ancêtres ont reçus des religieux. Témoins: Jean dit Patriarche, Rogerin de Bello Marte, notaires de la cour de Troyes, Leodger, prêtre, Gautier dit Lavocat, et autres. Novembre 1284.

XIX.

Dou bois Saint-Père.

Thibaut, seigneur de Broyes, chevalier : « Saichent tuit cil qui sont et seront que comme li homme et la communitez de Saint-Prey et de Corléiart fussent tenus si come il ont recognu par devant moi, à l'église d'Oye, en redevance de pain, de blet, de chars et d'argent, c'est à scavoir qui li home ou la fame qui tenoit cheval ou chevaux rendoit à léglise devant dite chacun an le lendemain de Noël, 1 pain de la valeur de un denier ou de plus, 1 setier davoine, 1 geline et vi deniers ; et cil ou celle qui navoit cheval ni chevaux rendoient lou pain, une mine davoine,

la geline et les vi deniers à ladite église pour la raison
de lusaige quil avoient et clamoient ou bois que on dit
Saint-Père. » Par suite d'accord entre l'abbé et Huon de
Broyes, seigneur de Saint-Prix et Corléiart, et les communautés desdits villages, il fut convenu que celles-ci auraient
la moitié du bois, celle tirant vers Oyes demeurant au
monastère ; puis lesdites communautés cédèrent audit
Huon moitié de leur part, à charge de payer à l'abbaye
un cens de 6 deniers, chaque habitant devant 1 denier
par arpent ; la justice demeurant toute entière à Oyes ;
le seigneur devant pour sa part et celle des communautés
les amendes supérieures à 10 fr. ; ayant droit de nommer
des forestiers qui devront serment à l'abbé. Novembre
1284.

XX.

Eschange de Girart fils Jaquet Braculier de Reuvres (1)
et de Jaquinet Rochart de Reuvres.

Guy, seigneur de Broyes, chevalier, cède à Dreux, abbé
d'Oyes, ledit Girard en échange « de la moitié que ledit
abbé et ladite église havoient et on heu jusques à
maintenant » sur ledit Jacquinet, et la moitié de Bertrand
de Reuvres. Mai, 1304, veille de la Pentecôte.

XXI.

De Martin de Villevenart (2).

Le même donna à l'abbaye ledit Martin, fils de feu
Hubert dit le Nacheus, homme de corps de ladite église et
de Adeline, femme de corps dudit seigneur. Vendredi
après la Madeleine, 1305.

(1) Reuves, canton de Sézanne.
(2) Canton de Montmort.

XXII.

De septem sextariis bladi in terragio de Villevenard.

Simon, seigneur de Chateauvilain, cède sept septiers de blé-avoine de rente audit terrage à Noël, en échange de la part possédée par l'abbaye au moulin Renard et les cens qu'elle y avait, sauf le tiers que Adam, son chapelain, tenait de l'abbaye à perpétuité sur un cens annuel de 9 septiers de blé. Mai 1247.

XXIII.

Excambium Adelote Fouchiere et de Goncelina,
filia Olrici de Frumentariis. (1)

G., dame de Chateauvilain, et Simon, son fils, donnent à Engeriner, abbé d'Oye, Adelote, fille de Marie Foucherie, en échange de ladite Goncelina. Mai 1227.

XXIV.

De nemore quod dicitur Cherbonnières.

Eustache, seigneur de Conflans (2), renonce à ses prétentions sur ledit bois sis près de Champaubert (3), moyennant une somme de 130 liv. provinoises. Mai 1243.

XXV.

Item de dicto nemore.

Simon, seigneur de Chateauvilain, etc. « Notum facio, etc., quod cum viri religiosi, amici mei in Christo karissimi

----

(1) Fromentières, canton de Montmirail.
(2) Eustache II, père du connétable de Champagne. Conflans était un château sur la paroisse de Villeseneux.
(3) Canton de Montmort.

Girardus, abbas et conventus Oyensis ecclesie vendidissent superficiem nemoris sui quod vocatur Cherbonnières, adjacentis ville que dicitur Campus Auberti, cujus ville dominium ratione justicie secularis ad ipsos spectatur, considerata diligenter egestate et edificiis longo confectis senio meliorandis, dictus abbas et conventus liberali animo et predilectionis intuitu contulerunt eisdem totam superficiem decem arpentorum nemoris sui predicti ad prescens imminentem ad domos suas reficiendas et meliorandas, et si eisdem parrochianis placuerit in ejusdem ville finagio de novo construendas, et ad omnem aliam voluntatem suam faciendam ; hoc excepto quod aliquid de prefata superficie nemoris eis concessa, alienis gentibus dare eis aut vendere non licebit. Termino vero dicte venditionis nemoris jam dicti plene elapso, dicti parrochiani ejusdem ville et mansionarii de cetero in perpetuum suum habebunt usagium in toto nemore de Charbonniere jam dicto per omnia et in omnibus, exceptis quercubus in quos manus mittere non presument, nec ullam in ipsis quercubus ejusdem nemoris aliquid juris obtinendi facultatem poterunt reclamare. » Juin 1242.

XXVI.

De nemore de Charbonnieres.

Jean de Torota (1), chatelain de Noyon, régent pour le roi de Navarre au comté de Champagne et de Brie, donne connaissance de l'accord intervenu entre Eustache

(1) Jean III de Thourotte, chatelain de Noyon, était fils de Odette de Dampierre, sœur de Gui II de Dampierre, connétable de Champagne, dont le comte Thibaut avait épousé en troisièmes noces la petite-fille. Jean de Thourotte était donc par alliance oncle à la mode de Bretagne de Thibaut ; il resta jusqu'à la mort de celui-ci son lieutenant en Champagne.

de Conflans et l'abbaye pour ledit bois au mois de mai 1243. — Avril 1244.

XXVII.
Dou descors de la fame Erart de Baanel (1) *et de ses enfants.*

Simon, seigneur de Chateauvilain, déclare que l'abbaye a renoncé à ses prétentions sur ladite femme au profit de Simon, qui lui a laissé en récompense 6 arpents 1/2 du bois Buessart avec toute justice ; ajoutant que si elle acquérait encore 3 ou 4 arpents contigus, il en céderait également la seigneurie. Janvier 1256.

XXVIII.
Dou don du bois Buessart.

Jean, seigneur de Chateauvilain, reconnait et confirme ledit don de son père, Même date.

XXIX.
De l'eschange de Ysabel, fille Perron le Bouc de Taluz (2) *et de Odeline, sa fille.*

Simon, seigneur de Chateauvilain, consent à céder à l'abbaye ces deux femmes de corps en échange de Aveline, femme de Londrel de Voisi et de ses deux filles. Huc, abbé ; octobre 1256.

XXX.
De Helviz, fille Maheu de Pleurre, que l'église presta au seigneur de Chateauvilain.

Jean, seigneur de Chateauvilain, déclare « que l'abbes et li couvent d'Oye nous ont presté une fame de leur

(1) Beaunay, canton de Montmort.
(2) Tallu, canton de Montmort.

église, c'est à savoir Helviz, fille Maheu de Pleurre, laquel nous avons fait passer par mariage à Adenet, le fils Regnaut lou Fevre de Pleurre notre homme, et nous et nos hoirs sommes tenus à celle dicte église à rendre une de nos fames en la chatelenie de Placrro à la vaillance de celle dicte Helviz. » Avril 1270.

XXXI.

De l'eschange de Margot, fille feu Regnaut dit Chiquaut, de Champaubert, et de Aeliz, sa fame.

Le même déclare qu'il a échangé ladite Margot, épouse de Jean Godart de Champaubert, contre la femme de Jean Augier de Champaubert, fille de maître Aubri de Champaubert. Mars 1288, mercredi après « Oculi mei. »

XXXII.

Don de la morte-main Jehannin condit Le Blanc.

« Je, Jehan, sire de Chastelvilain, fais savoir à tous ceux qui ces présentes lettres verront et orront que j'ai donné et quitai aux hoirs de Jehannin condit Leblanc Molier et de Margueron, sa fame, la morte-main qui pourroit venir d'eux seulement à moi et à mes hoirs en la terre de Baye et ès apartenances de meubles et d'éritaijes tant comme il se maintinront jonstissables et taillables haut et bas à moi et à mes hoirs. En témoignage, etc. » An 1294, mercredi après les Brandons.

XXXIII.

Eschange de Marie, fille Hubert de Champaubert, contre Jacquette, femme Baudinet de Baye, fille Henri le Charpentier d'Oye.

Jean, sire de Chateauvilain, cède ladite Marie à Dreux, abbé d'Oye, contre ladite Jacquette. Baye, le samedi avant la Saint-Martin d'hiver, 1303.

XXXIV.

Eschange de Jehannin, fils Phelippe de la rue de Ville-
venart, contre Boorde, fils Iaquet de la ruelle d'Oye.

Le même échange ledit Jehannin contre ledit Boorde :
« et pour ce que li diz Jehannius, nostre homme de corps,
ha bien vaillant la somme de dix livres tournois petiz
plus que li diz Boorde, li diz abbes nous ha promis en
loiauté à rendre et à restablir la valeur des dictes dix livres
tournois petiz en semblant cas toutes les fois qu'il en
sera requis de par nous. » A Baye, le mardi après saint
Louis, 1304.

XXXV.

De discordia foris maritagiorum de hominibus vi'le
que dicitur Puiz.

Eustache de Conflans, seigneur de Pleurs, déclare que
du consentement de Marie, sa femme, fille d'Hugues
« dominus Plaiostrensis », il a consenti à ce que l'abbaye
conserve les privilèges de la communauté existant d'ancienneté entre les hommes de l'un et de l'autre, demeurant à Puiz, pour se marier entre eux. De plus, ledit Hugues
donne à l'abbaye Moisaut et la fille de Garnier, mayeur de
Connantre (1). An 1196.

XXXVI.

De terragio Campauberti et de Congeyo.

Eustache de Conflans déclare que Milon de Escureyo (2),
chevalier, a donné son terrage de Champaubert, ayant
reçu « de caritate domus » 60 livres, consentant sa femme
Odelis et Hugues « dominus Plaiostrensis, socer et prédé-

(1) Canton de Fère-Champenoise.
(2) Ecury-le-Repos, canton de Vertus.

cessor » dudit Eustache, et suzerain, et Marie, femme d'Eustache, héritière du fief. Ledit Hugues, mourant, y ajouta une rente d'un muid de froment sur les revenus en grains de Congy (1). An 1200.

XXXVII.

De nemore dou Melleu.

Marie, Dame de Conflans, veut que le bois dit Merlu Monachorum, demeure à l'abbaye aux mêmes conditions qu'avant la vente faite par elle du bois voisin dit Mellus également (2). Avril 1210.

XXXVIII.

De uno modio frumenti percipiendo quolibet anno apud Congeyum.

Eustache de Conflans, chevalier, seigneur de Marcuil (3) et Congy, reconnait que l'abbaye possède à Congy un muid de blé, 4 deniers, 2 fouaces, 2 gelines, 1 jambon et une épaule de porc de rente, le muid à la Saint-Remy en la grange des seigneurs, le reste à Noël, garanti par lui et ses héritiers, mais à condition que ledit seigneur en jouira sa vie durant. Septembre 1293, le samedi après la Nativité Notre-Dame.

XXXIX.

Echange de Lucète contre Richert la douce de Champaubert.

Le même déclare avoir cédé Lucète de la Caure contre

---

(1) Canton de Montmort.

(2) Le Merlu, fief, aujourd'hui ferme, dépendant de la commune de Montmort.

(3) Marcuil-en-Brie, canton de Montmort.

ladite Richert, fille de Frode de Marigny (1) de lez Pleurre. Septembre 1293, mercredi après même fête.

XL.

De decima et molendino d'Escury.

Girard, seigneur de Sancto Oberto (?) et Marie de Conflans, sa femme, font savoir que le seigneur Milon d'Escury a donné sa dîme dudit lieu, dite dîme de Moreins, en échange du moulin que les moines y avaient, à condition de transporter ledit moulin plus haut, sur une eau appartenant audit seigneur ; que les moines auront le tiers du blé moulu ; dans les huit jours où ledit Milon, ou ses successeurs, aurait installé un meunier, si l'abbé en présentait un, voulant faire un plus grand commerce (qui majorem voluerit facere modiationem), le premier serait aussitôt renvoyé et le second installé ; le seigneur et les moines de la maison d'Ecury y auront franches moutures. Le jour de l'obit dudit seigneur les moines pourront faire pêcher l'étang du lieu et y prendre jusqu'à la valeur de 10 liv. de poissons pour leur pitance de ce jour. Décembre 1250.

XLI.

De decem solidis percipiendis apud Conantré (2).

Jean de Torote (3), seigneur de Connantray, et Agnès, sa femme, renoncent à leur opposition au sujet de ladite rente léguée par le seigneur Philippe le Put de Connantré et sur la terre sise devant le Moulin Saint-Pierre au même lieu affectée à ce produit. Mars 1203.

(1) Canton de Fère-Champenoise.
(2) Connantray, canton de Fère-Champenoise.
(3) Ne figure dans Duchesne ni dans le P. Anselme.

XLII.

De Maria uxore Johannis Tinctoris de ponte de Plaiostro.

Jean de Torote, seigneur de Pleurs (1), renonce à toute opposition contre l'abbaye au sujet de ladite femme. « Preterea consuetudinem particionis manu mortua, quam in Tecia, uxore Colini le Put habere credebam pro homine meo, penitus illibatam relinquo, sicut Johannes Plaiostrensis dominus viceeomes et alii antecessores mei tenuerunt. » Février 1220.

XLIII

Carta de terragio et censibus de Lintelles.

Robert, prévôt de Sézanne, consentant sa femme Elisabeth et Robert, leur fils, donne tout ce qu'il avait en cens, terrages et justice à Linthelles (2). En échange, Angermer, abbé, leur délaisse ce que l'abbaye avait sur le moulin de la Chese, en cens à Charnoi, 12 d. de cens dus par Guillaume, chevalier de Grangies (3), etc. An 1204, sous le sceau de Saint-Nicolas de Sézanne.

XLIV.

Carta de justiciis et aliis.

H., comte de Troyes, donne à l'abbaye la terre de Champaubert avec justice et seigneurie, la grange de Desertis (4) avec la justice, la maison dite Vallis Jusiana à Connantre avec la seigneurie (dominium), justice, etc. Témoins : Anceau du Traisnel, notaire du comte, Nocher de Morcins, G., maréchal. Troyes, an 1155, G., chancelier.

(1) Ce doit être le même que le précédent.
(2) Canton de Sézanne.
(3) Les Granges, canton d'Anglure.
(4) Ferme encore existante, dite « les Dezerts » à Champaubert.

XLV.

Privilegium Honorii (1) pape de rebus istius ecclesie.

Sur la prière de Eberard, abbé, le pape énumère et confirme les possessions du monastère d'Oye, à savoir: dans le diocèse de Troyes : ville, justice, autel, dîmes; cimetière de S.-Genesio (2) ; autels, dîmes Martis Giuroldi (3) ; Martis Idemanni (4) ; S.-Projecti (5) ; de villa nova Leonis (6) ; et capellam S. Guignebaudi (7), avec le tiers des oblations faites en ces églises aux quatre grandes fêtes de Pâques, Pentecôte, Toussaint, Noël ; deux parts « in nataliciis sanctorum.» La chapelle de Notre-Dame et la paroisse de Saint-Prix, après la mort de Hugues reclu-sus (8); l'autel, cimetière et église de Bastenello (Bahanello), dîmes et toute franchise (9) ; autel et cimetière de Brocia-co (10), dîmes et tiers des oblations susdites ; l'église de

(1) Pape en 1130.

(2) Canton d'Esternay, Saint-Genest.

(3) Hameau de la commune de Mondement, canton de Sézanne Montgivroult.

(4) Mondement.

(5) Saint-Prix.

(6) Villeneuve-la-Lionne, canton d'Esternay.

(7) La fontaine Saint-Vinebault existe dans la grande rue du village de Villeneuve et le dimanche du Bon Pasteur avait lieu un pèlerinage considérable à l'église. Vinebault habitait la paroisse et y gardait les bestiaux. Un jour qu'il était à la Ferté-Gaucher, où il se rendait souvent pour s'instruire, ses bêtes commirent des dégâts au Vézier et quand il revint il trouva les habitants furieux de sa négligence ; ils le maltraitèrent cruellement. On rapporte plusieurs miracles opérés par lui et notamment la création de la source qui porte son nom. Il fut enterré à Villeneuve et une cha-pelle fut élevée sur sa tombe ; sa statue y existe encore.

(8) Ce pieux personnage est mentionné dans deux chartes pré-cédentes.

(9) Bagneux, autrefois Baanel, canton d'Anglure.

(10) Broussy.

Alemannis (1), avec toute franchise, revenus y attenant,
dîmes et la cire de la Pentecôte ; l'autel et cimetière de
Clellis (2), dîmes, tiers desdites offrandes et celle de la
naissance de saint Sulpice ; autel, cimetière, dîmes de
Campo Griselli, deux parts des offrandes aux dites fêtes
et à celle de saint Laurent ; tiers des dîmes de Linthelles,
de Saint-Servasio, de Cortefelici (3), de Reveillon (4) et
de Latione (5) ; sixième de celle d'Angleuria (6); les
bois Raimbaud, Saint-Pierre, avec la seigneurie ; l'aleu de
Breciaco (7) et le four franc, casamenta de Pleurs et de
Broussy, de quelque façon qu'ils soient donnés à l'abbaye.
Dans le diocèse de Châlons : la chapelle d'Escuriaco (8),
atrium, cens, deux parts des deux dîmes, à la Saint-
Vincent, « ita ut Cathalaunensis magister scolarum Catha-
launensium habeat uno quoque anno V solidos Cathalaunensis monete: in eadem capella non presumat presbyter
de Clamengie missam celebrare, nisi assensu monachorum » ; les habitants tenus comme paroissiens de ladite
église aux fêtes de Pâques, Toussaint et Noël seulement ;
l'autel, atrium de Tolone (9), avec moitié des dîmes ;
id. de Etogiis (10), avec moitié des dîmes et deux parts
des offrandes aux fêtes de Pâques, Toussaint, Noël et
Saint-Sulpice ; la chapelle de Merlereta (*seu* Melerelo) avec
la terre cultivée ou non et le bois, donnés par Adelaïde,
vidamesse, Jean et Eustache, ses fils, Marie, sa fille, et

(1) Allemanche, canton d'Anglure.
(2) Clesles, canton d'Anglure.
(3) Corfélix, canton de Montmirail.
(4) Réveillon, canton d'Esternay.
(5) Lachy ?
(6) Anglure.
(7) Broussy ?
(8) Ecury-le-Repos.
(9) Toulon, canton de Vertus.
(10) Etoges, canton de Montmort.

Germond, mari de celle-ci (1) ; l'église de Oonaco (2), avec le cimetière, dîmes, sauf !. part du curé, et deux parts des offrandes de Pâques, Tous ... et Noël ; deux parts des grosses dîmes de Villa Sencoris (3), et moitié des menues, sauf la part dotale de l'autel ; le sixième des deux dîmes de Poncancico (4) ; moitié de la dîme du vin de Secc (?) ; l'alou de Pleurs ; moitié de toutes les dîmes de Normerio (5) ; tiers de celles de Caplenis (6) ; la terre et les revenus de Vado sub Tolone ; ville, justice, « constitutiones Campi Alberti » (7), terra de Desertis et moitié de la dîme ; aleu de Banna. Le pape accorde tous priviléges au monastère, le droit de nommer aux cures sous l'investiture de l'évêque et confirme d'avance les possessions à venir. Donné à Latran le 12 des calendes d'avril.

XLVI.

Privilegium Alexandri, pape (8).

Accordé à la prière de l'abbé Guillaume. On y trouve mentionné en plus dans le diocèse de Troyes : part du terrage de Gaye (9) et de Latione et de Cubitis (10), cens

(1) Serait-ce le Merlu précité ? Cette Adélaïde était inconnue comme vidamesse de Châlons. Jusqu'à présent la liste acceptée commençait par Eustache de Châtillon, vidame en 1084 et 1126, du chef de sa femme Gode, fille d'Eustache de Conflans, vidame de Châlons, maréchal de Champagne ; cette Adélaïde était probablement la mère d'Eustache

(2) Ognes, canton de Fère-Champenoise.

(3) Villeseneux.

(4) Pocancy, canton de Vertus.

(5) Normée, canton de Fère-Champenoise.

(6) Chapelaine-Vassimont.

(7) Champaubert.

(8) Pape de 1159 à 1181.

(9) Gaye, canton de Sézanne.

(10) Queudes, canton de Sézanne.

à Sézanne, part des moulins de Craalduno et Luvisel ;
moitié du moulin de Cavali. — Dans le diocèse de Châlons :
l'aleu de Monte Alerannis ; part de terrage de Bannes,
aleu de Clamangis (1) ; cens et terrages à Gorzenzuun (2) ;
cens et terrages à Colrcium (3), moulin à Connantre ;
cens, coutumes et terrages à Choairardum (4) et Joches ;
quart du four de Villevenard ; moulin neuf de Baye (5) ;
cens et terrages à Astriccium (6), Grévia (7), Ogerum (8),
Cramantum (9), Giungium (10), par don du comte Henri :
moitié du village dit Puteus (11) et tout ce que ledit
comte y pourrait avoir ; moitié du vinage. — Au diocèse
de Troyes, est ajouté à la fin de la bulle : tout ce que
Engelmer Rufus, Ranaildus et Girardus Bael, de Sézanne,
Symon de Gaaru et les héritiers· de Colreio avaient au
mont Alard (12), par don de Nicolas de la Cheio : tiers
de la dîme de Roboribus (13).

XLVII.

De decima Campi Auberti.

Le pape Innocent (14) confirme l'accord préparé par
Thibaut de Drecis, archidiacre de Troyes, et Jean de

(1) Clamanges, canton de Vertus.
(2) Gourgançon, idem.
(3) La Caure, canton de Montmort.
(4) Coizart.
(5) Canton de Montmort.
(6) Serait-ce Athiers, dépendance de Villeneuve-la-Lionne ?
(7) Les Grèves, dépendance de Bagneux.
(8) Oger, canton d'Avize.
(9) Cramant,   id.
(10) Gionges,   id.
(11) Puitz.
(12) Montalart, à Oyes.
(13) Reuves ? canton de Sézanne.
(14) Innocent III élu en 1216.

Château-Thierry, archidiacre de Châlons, entre l'abbaye et Alard, curé de Champaubert, sur les terres, dîmes, etc. Lyon, 5 nones de mai, an 4° du pontificat.

XLVIII.

Bulle du pape Honorius autorisant l'abbaye à percevoir la dîme des novales dans les paroisses où elle est décimatrice. Latran, 2 des nones de décembre, an 9 du pontificat.

XLIX.

Le pape Grégoire renouvelle les priviléges et immunités accordés précédemment à l'abbaye. 4 des cal. de décembre, an 1er du pontificat, « apud urbem veterem. »

L.

De discordia stagni de Recluso (1).

Guillaume, archevêque de Sens, légat apostolique, après avoir entendu les arbitres, O., doyen de Sens, G., abbé de Celle, J., abbé de Saint-Loup, H., abbé de Larrivour, P., abbé de Vauluisant, reconnaissant le dommage causé à l'église d'Oye par l'agrandissement dudit étang, décide qu'il sera réduit à son ancienne dimension conforme à celui de Taluz. Fait en présence de Hugues, seigneur de Broyes, qui donne l'étang à l'abbaye de Reclus, par Alexandre, chancelier, l'an 1176.

LI.

Item de discordia stagni de Recluso.

Mathieu, évêque de Troyes, fait savoir qu'il avait été postérieurement délégué pour faire exécuter la susdite

(1) Dépendance de Saint-Prix où existait une abbaye fondée en 1141.

sentence ; qu'il se rendit sur les lieux, parcourut la chaussée de l'étang, examina la prise d'eau, « considerantes ne de penuria aquarum fratres de Recluso doleant, ne Oyensies de redundatione confundantur » ; puis : « pro pace firmiter conservanda ne cujus quam possit malignitate impediri, lignum in aqua forte et validum ad medium calceie infigi precepimus in quo sigum (*sic*) ferreum semper affixum maneat, ne ultra modum impositum excrescentes aque detineantur. In aperturis vero secundum eumdem modum ligna jacentia ex transversa deponantur, in quibus nichil super edificantur quod aquam detinere possit vel retardare. Hanc igitur dispensationem pariter et dispositionem bona fide et pia intentione pro pace et utilitate utriusque partis fecimus ut fratres de Recluso de sufficienti aquarum detentione gaudeant, et Oyenses de convenienti elapsu gratulentur. » Témoins : H. abbé de Larrivour, P. de Vauluisant, Gautier, camerier de Troyes, Jean, clerc de l'évêque, Arnoul, son chapelain, Drogon de Bauchesi, Pierre, doyen de Tast, Pagan, curé de Saint-Prix, Bonard, curé de Saint-Genest, Albuin, chevalier, Raoul de Baye, Theo de Torreis, Garnier, son frère, Hardouin de Talus ; Gausi, son frère, Fromeric et Bonard de Talus, Gascelin de Courleardo, Gilbert son frère, Garnier Rubea Facies, Guillaume, abbé d'Oyes, Hugues, abbé de Reclus, présents. Fait sur la chaussée dudit étang, l'an 1176.

LII.

Confirmatio Hatonis Trecensis episcopi de rebus istias ecclesie.

A la prière d'Eberard, abbé d'Oyes, l'évêque confirme les biens de l'abbaye dans son diocèse, savoir : autels, cimetière et dîmes de S.-Genesio, S.-Projecto, Monte-Givraldi, Monte-Alemanni, Baanello, et dîmes ; de Brociaco et dîmes ; de

Cloellis, dîmes et tiers des offrandes aux quatre fêtes; il donne la chapelle Sainte-Marie à Saint-Prix, après la mort de Hugues, reclus; l'autel de Campo-Griselli avec moitié des susdites offrandes; l'église de Alemannis, franche de tout; le prélat concède aux moines le droit d'élire librement leur abbé, lequel il bénira. Il confirme la possession des dîmes des paroisses de Curte-Felicis, S.-Silvano, Lintellis, Sercio, Latione, Angluria; les *casamenta* donnés par Simon de Broyes; cens de Pleurs, le bois Raimbaud, le bois S.-Pierre. An 1128, à Troyes, en chapitre. Signé de Odon, prévôt; Manasses, archidiacre; autre Manasses, archidiacre; Guido, archidiacre; Gibuin, chantre, chancelier et archidiacre; Hugues, doyen du chapitre, Teger, Garnier de Severici, Drogon, Thierry, fils de Dalmace, Raoul, Etienne, Gilebert, Gautier, fils d'Angelmer, chanoines.

LIII.

De decima Sancti Projecti

Mathieu, évêque de Troyes, sur le procès soulevé entre Ebal, abbé d'Oyes et Pagan, curé de S.-Prix, juge après enquête que ledit curé n'a aucun droit à un second tiers de la grosse dîme qu'il réclamait « in tractu, in custodia grangie, in palea quoque et stramine et altonibus », mais à charge par l'abbé de faire prêter serment par ses sergents au curé pour ledit tiers. De même dans les menues dîmes le curé n'a droit qu'à un tiers. Quant aux revenus de l'autel, ils appartiennent tous à l'abbaye. Des offrandes, le curé a le tiers à Pâques, Pentecôte, Toussaint, Noël; deux à la S.-Prix, la veille de Noël; deux tiers des cires à la Purification, *in Parasceve* toute la journée deux tiers. La veille de la Pentecôte, l'abbé a les deux tiers, sauf ce qui est remis au curé pendant la messe qui lui appartient en entier avec son tiers. Témoins : Girard, abbé de la Celle, Guiter, abbé de S.-Loup ; Renaud, archidiacre ; Maître Nicolas ; Etienne, fils de Girold ; Maître Guiard, Alexandre, chapelain de l'évêque, tous prêtres et chanoines ; Gautier de Foro, diacre et chanoine ; Hubert, doyen de Troyes ; Pierre, doyen de Sézanne ; Etienne, doyen de Rameru, et beaucoup d'autres. A Troyes, à l'évêché, an 1170.

LIV.

De decima de Curta-Felicii.

Mathieu, évêque de Troyes, fait savoir que le procès soulevé entre Guillaume, abbé d'Oyes, et Godefroy, curé de Corfélix, a pris fin par ses soins, en ce sens que sur trois années de dîme, l'abbaye en aura une toute entière et le curé les deux autres ; chacun faisant serment l'un à l'autre. Témoins : Girard, abbé de la Celle ; Guiter, abbé de S.-Loup ; Renaud, archidiacre ; maître Nicolas ; Etienne, fils de Girold ; Maître Guiard, Alexandre, chapelain de l'évêque, prêtres et chanoines ; Gautier de Foro, Jean de Abbatia, diacres chanoines ; Hubert, doyen de Troyes ; Pierre, doyen de Sézanne ; Thierry, doyen de Rameru, et autres. A Troyes, à l'évêché, 1174.

LV.

De octo sextariis bladi quod presbiter S.-Projecti habet apud Reclusum.

Henri, évêque de Troyes, fait savoir la fin du procès soulevé entre les abbayes d'Oyes et de Reclus pour les terres de S.-Prix : l'abbaye de Reclus conserve ses terres possédées au jour de l'accord en payant annuellement 8 septiers blé et avoine à l'abbaye d'Oyes et au curé de S.-Prix ; elle devra cens pour toutes les terres acquises de-

puis, suivant estimation équitable des voisins. *Témoins* :
Odon et Girard, archidiacres ; Angelmer, Pierre, Bugger,
Bernard (qui écrivit l'acte), chanoines de Saint-Pierre de
Troyes ; Pierre, curé de Verzi (1), alors doyen ; Garnier,
curé de Champ-Guyon ; Albert, curé de Sézanne ; Pagan,
curé de Saint-Prix ; André, curé de S.-Quintinno (2).
An 1261.

LVI.

De decima de Reveillon (3).

Henri, évêque de Troyes, fait connaître qu'après procès
entre Gervais, chevalier de Pleurs, et l'abbaye, il a été
convenu que Gervais renonçait à ses prétentions sur le
tiers de la dîme de Rivulo, Jean, seigneur de Pleurs, se
portant caution. Témoins : Hugues de Fera (4), Pierre,
frère d'Albon, Hugues, fils de Marchen(?), Garnier de Plancy,
chanoines ; Fromond, Albon, Pierre Paganus, Clerebaldus,
Adam, Henri, de Sézanne, Hildier, chevaliers ; Girard, archidiacre de Troyes, Pierre Garnier, Pierre, doyen, Bernard,
chanoines de Troyes, ce dernier signataire de l'acte.

LVII.

De confirmatione ecclesiarum parrochialium.

Barthélemi, évêque de Troyes « dilecto filio Renaudo
abbati ejusque successoribus perpetuo substituendis
regulariter », lui fait savoir qu'il confirme les possessions du monastère, savoir : autel, cimetière, dîmes de
Sancto-Genesio, S.-Projecto, Monte-Givraldi, Monte-Ilde-
manni, de Brociaco-Magno, Cleellis, avec le tiers des obla-

---

(1) Verdey? canton de Sézanne.
(2) Saint-Quentin-le-Verger, canton d'Anglure.
(3) Canton d'Esternay.
(4) Fère-Champenoise (Marne).

tions des quatre fêtes ; moitié aux fêtes de ces paroisses, deux parts des cires à la Purification ; autel, atrium et église de Campo-Griselli avec moitié des oblations aux susdites fêtes ; église, cimetière, autel et dîmes de Alemannis, réservé dans tous ces cas le droit de l'église de Troyes ; les dîmes de Curte-Felicis, Bannello, Sancto-Silvanno, Lintellis, Soscio, Latione, Angluria, Cubitis, Plaiotro ; *casamenta* du seigneur de Broyes donnés par le seigneur Simon, par les mains de Hatton, évêque de Troyes ; cens de Pleurs, les bois Raimbaud et S.-Pierre. L'évêque confirme en outre tout ce que l'abbaye pourra à l'avenir acquérir « justis modis » dans son diocèse. An 1192.

LVIII.

De decima que pertinet ad parrochiam S -Projecti.

Garnier, évêque de Troyes, fait savoir que l'abbaye de Reclus conservera toute la dîme, « a plaxeio de Talus in parte in qua sita est abbatia de Recluso, per antiquam viam que ducit ad Baanel et est inter nemus Baie et nemus fratrum de Recluso usque ad aquam de Moren », et en d'autres lieux dénommés dans l'acte, notamment près du pont de Saint-Prix, près la carrière du champ Fouce, près du vivier du Reclus, etc. En échange, ledit monastère paiera annuellement à Oyes 16 septiers de blé-avoine et 8 au curé, mesure de Broyes, à la Saint-Remy. Le même règlement sera appliqué aux acquisitions postérieures des moines de Reclus. An 1200.

LIX.

De augmentatione parrochiarum et de discordia patronatus earundem.

Hervé, évêque de Troyes, reconnaissant le tort causé à l'abbaye par la décision papale relative à l'augmentation du nombre des paroisses dans le diocèse : « nos itaque comparientes eorumdem incommodo, synodi et circate (?) solutiones parrochiarum in quibus augmentationes fuerint, dictis fratribus misericorditer indulgemus, statuentes inhibendo ne ipsi monachi ad dictas solutiones de cetero compellentur. » En outre, il renonce aux contestations qu'il avait soulevées sur le patronage des paroisses de Saint-Prix, Saint-Genest, Mondement, Broussy-le-Grand, Alemanz et de Clesle. An 1202.

LX.

De decima Campi-Griselli (1).

A., évêque de Troyes, fait savoir que Hugues, curé, prêtre de Semonia (2), a reconnu que l'abbaye avait deux parts des dîmes dudit lieu et deux parts des oblations de l'autel aux quatre fêtes ; l'abbaye en récompense cède audit Hugues, tant qu'il tiendra la cure, sa part dans la menue dîme et 9 s. provinois sur les offrandes. Juin 1209.

LXI.

De discordia decime Sancti-Projecti.

H., évêque de Troyes, déclare qu'après enquête faite par Thibaut, dit Faltrarius, chanoine de Troyes, et par le doyen de Sézanne, il a été reconnu que le curé de Saint-Prix a un tiers de la menue dîme du lieu, mais que l'abbé lui avait cédé les deux autres parts sa vie durant, moyennant une rente de 55 sols provinois. Mai 1252.

(1) Champgrillet, hameau de la commune de Semoine, anciennement paroisse.

(2) Semoine, canton d'Arcis.

LXII.

*De usagio curati de S.-Projecto quod habetur in nemore
S.-Petri.*

Jean, évêque de Troyes, fait savoir que Odon de Bus-
seure, curé de Saint-Prix, réclamait, à cause de sa cure,
l'usage pour lui au bois Saint-Pierre, mais qu'il y renonce moyennant une rente de 25 sols tournois sur les
cens et autres revenus de Oyes. Le dimanche suivant
saint Remy, mars 1288.

LXIII.

*De dono et confirmatione parrochiarum in Cathalaunensi
dyocesi.*

· Geoffroy, évêque de Châlons, à la demande de Odon,
abbé d'Oyes, confirme les biens présents et à venir de
l'abbaye dans son diocèse, à savoir pour le présent :
l'église d'Oennaco, dimes et dépendances, sauf le tiers des
dîmes au curé et deux parts des offrandes à Pâques, Pentecôte et Noël, réservé les cires qui restent à l'autel ; le
huitième des dîmes de Ponconcico ; deux parts de celles
de Villa-Senioris « exceptis decimis que sunt in ostiviis et
in orchis de dote altaris » ; l'église de Escuriaco, villa,
avec les dîmes, sauf le tiers des mêmes au curé et 5 s.
de rente à la saint Vincent au maître des écoles de
Châlons ; et une rente de deux muids d'avoine, quatre
de blé, six de seigle, vingt-deux septiers d'avoine à
l'église de Vertus à la saint Remy. Les paroissiens dudit
lieu devant assister aux offices de l'église mère aux quatre
grandes fêtes et le curé de Clamange ne pouvant célébrer
l'office dans la chapelle que pour un mort, avec l'assen-
timent des religieux qui y chanteront et auront toutes les
offrandes. Moitié des dîmes de Normerio villa ; moitié de

la dîme du vin de Secc villa, dans les aleux du seigneur de Pleurs et de Monte-Alleranni. Le tiers des dîmes de Caplenis ; la chapelle de Mellereio avec ses dépendances en terres et en bois ; moitié des dîmes de Desertis à Champaubert ; l'église d'Etoges avec moitié des offrandes de Pâques, Toussaint et Noël et moitié des dîmes ; l'église de Tolone avec moitié des dîmes. Fait en 1132, la douzième année de l'épiscopat dudit. Témoins : Ramerus, archidiacre, Guy, archidiacre, Geoffroy et Odon, archidiacres, Garnier de Mallis, Garnier, chantre, Acarin, Jean, chapelains, Gautier de Joinville, Pierre de Foro, Albric, doyen, Thibaut, sus-doyen, chanoines ; Pons, moine qui appliqua le sceau.

LXIV.

De decima villa que Escureis vocatur.

Guy, évêque de Châlons, fait savoir qu'il y avait procès entre l'abbaye et Garnier, chantre et maître des écoles de Saint-Etienne de Châlons, lequel réclamait la dîme du lieu à cause de ses écoles ; il décide sur vu de pièces que ledit écolâtre n'a droit qu'à 5 s. chalonnais de rente à la Saint-Vincent. Témoins : Hannon, Guy, Geoffroy, Odon, archidiacres ; maître Garnier, Henri, chancelier, Robert, Pierre, abbés, Albric, doyen, An 1146 « ordinationis nostre secundo. »

LXV.

De valle Jusana.

Guy, évêque de Châlons, fait savoir que Ebal, abbé d'Oyes, a reconnu devant lui avoir donné à Robert, abbé de la Charmoie (1), la maison de Connantrel, dite

(1) Abbaye du diocèse de Châlons, canton de Montmort, fondée sous la règle de Cîteaux en 1167.

Vallis Jusana, avec toutes ses dépendances, sauf les hommes, à charge par cette dernière abbaye de payer à celle de Oyes une rente de 6 muids d'avoine-seigle à prendre en ladite maison de Connantrel à la Saint-Denis, mesure de Pleurs ; les religieux d'Oyes, en cas de non paiement, rentreraient ipso facto en possession dudit domaine. Témoins : Joirand, abbé du Der, Jacques, abbé de Toussaint en l'Ile, Baudoin, Gui, archidiacres, maître Clément, Roland, Renaud de Bergeres, doyens, Hugues de Brevereio, Etienne de Congy, Hugues, notaire. Fait à Châlons, l'an 1168, sixième de l'épiscopat ; Girard, chancelier.

LXV.

II., comte de Troyes, accorde au mayeur de l'abbaye à Vallis Jusana les mêmes franchises qu'à son mayeur au même lieu. Témoins : Guillaume, notaire du comte, Thibaut de Caplenis, Guiard de Damoriaco, Artaud, camérier, Nocher de Morenis. Fait à Vertus en avril 1175, un samedi.

Châlons, Imp. F. Thouille.